'귀여운 판다의 **간추린 체르니 100**'을
시작하기 전에……

지금까지 우리는 〈체르니〉를 손가락 연습용 교재로만 생각하여 피아노 치는 것 자체를 어렵고 지겨운 일로 여겼습니다. 그러나 새롭게 개편된 〈귀여운 판다의 **간추린 체르니 100**〉은 음악의 본질인 아름다움을 느끼고, 단계적인 손가락 연습을 통하여 테크닉을 보다 효과적으로 강화할 수 있도록 하였습니다. 또한 각 연습곡에서 제시하는 음악적 개념과 패턴을 미리 파악하고 연습곡에 임하면, 그 연습이 단순히 손가락 움직이는 기술 연습으로 끝나는 것이 아니라 음악의 아름다움을 풍요롭게 표현할 수 있으며, 더 나아가서는 테크닉적인 문제가 해결되는 지름길이 될 수 있습니다.

부디 〈귀여운 판다의 **간추린 체르니 100**〉이 우리나라 어린이들의 피아노 교육에 큰 도움이 되길 바랍니다.

김 강 희

피아노 연주 및 피아노 교수법 박사

 차례

스타카토와 레가토의 대비

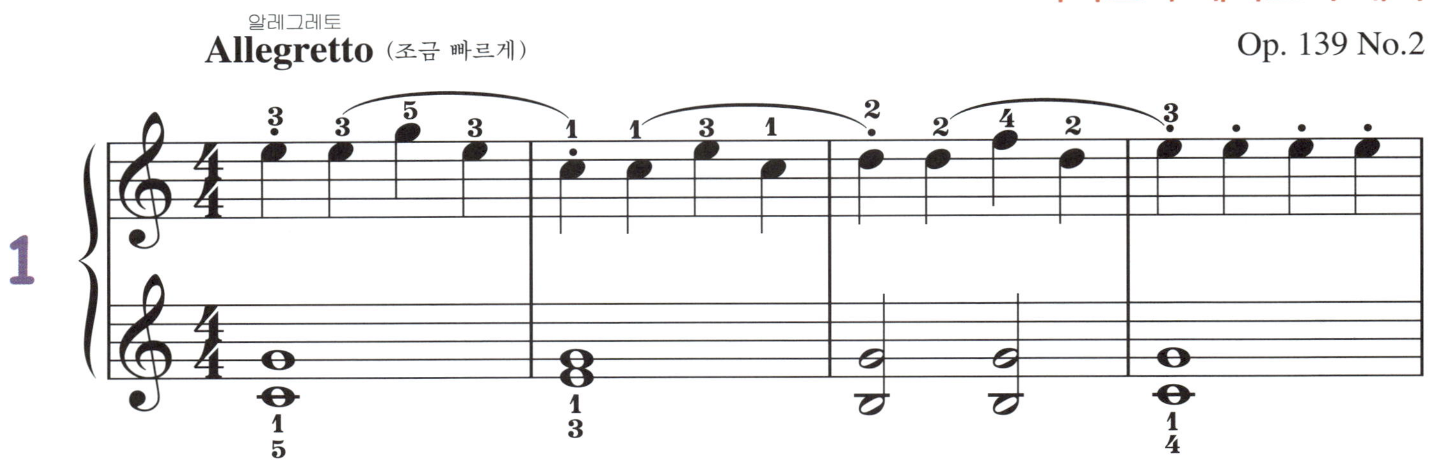

스타카토와 반복음을 칠 때는 팔에 힘이 들어가지 않도록 가볍게 칩니다. 레가토를 표현할 때에는 첫 음을 눌러주고 이어지는 음들을 부드럽게
연결하여 연주하며 끝음은 힘을 풀면서 살짝 들어줍니다.

다섯 손가락을 독립시켜 또박또박하게 연습한 후, 연주하는 소리가 빠지지 않고 고르게 나도록 팔목을 자연스럽게 좌우로 움직여줍니다.

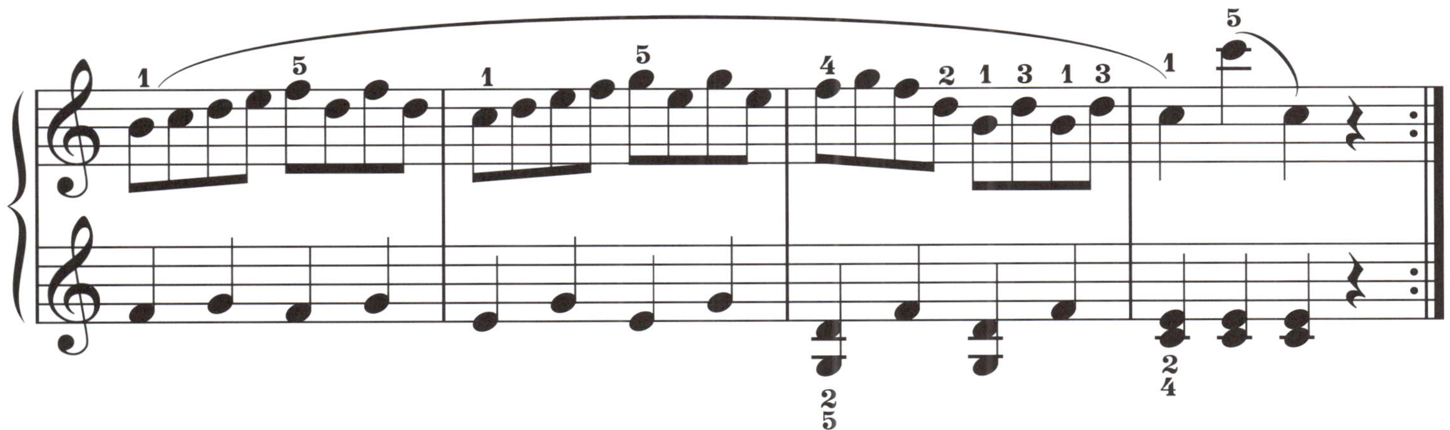

오른손 겹음과 왼손 강화 훈련

Op. 139 No.1

모데라토
Moderato （보통 빠르기로）

3

오른손 겹음을 표현할 때에는 두 음이 동시에 소리 나도록 해야 하며, 윗 성부의 선율이 노래되도록 레가토 시킵니다.
왼손 엄지의 소리가 크게 나지 않도록 주의하면서 화음의 변화를 들으며 연주합니다.

3도 음정 겹음 레가토와 화음 연주
Op. 139 No.4

안단티노
Andantino (조금 느리게)

왼손의 화음 진행을 들으면서 오른손 8마디의 프레이즈에 단음과 겹음이 부드럽게 이어져 연주되도록 겹음의 윗 성부를 들으면서 칩니다.

알레그레토   비바체
Allegretto vivace (조금 빠르고 생기있게)
왈츠 반주
Op. 453 No.8
5
f

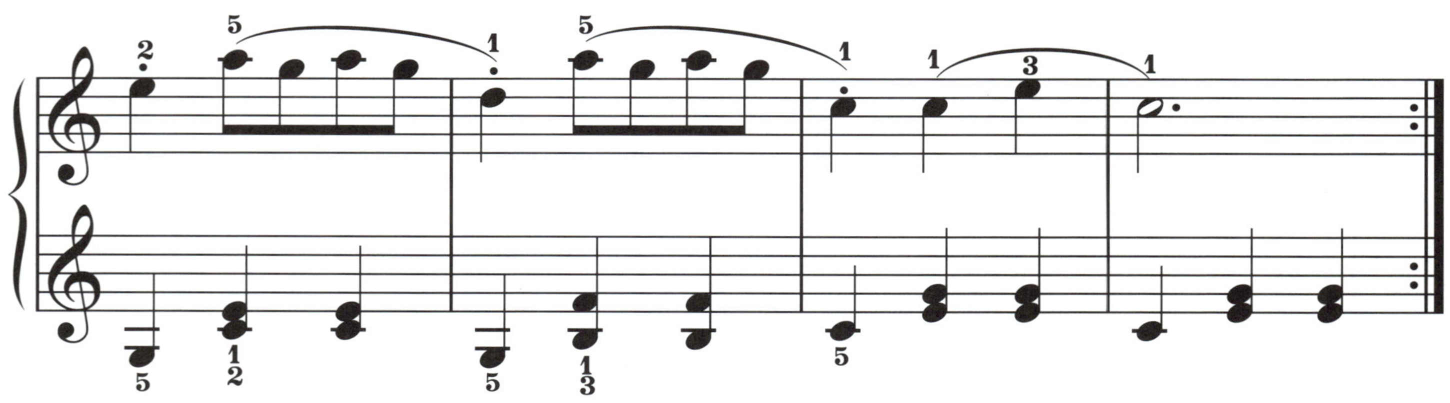

왈츠 리듬을 느끼며 첫 음을 누르고, 둘째 박과 셋째 박은 힘을 풀면서 춤을 추듯이 가볍게 띄어 주면서 연주합니다.

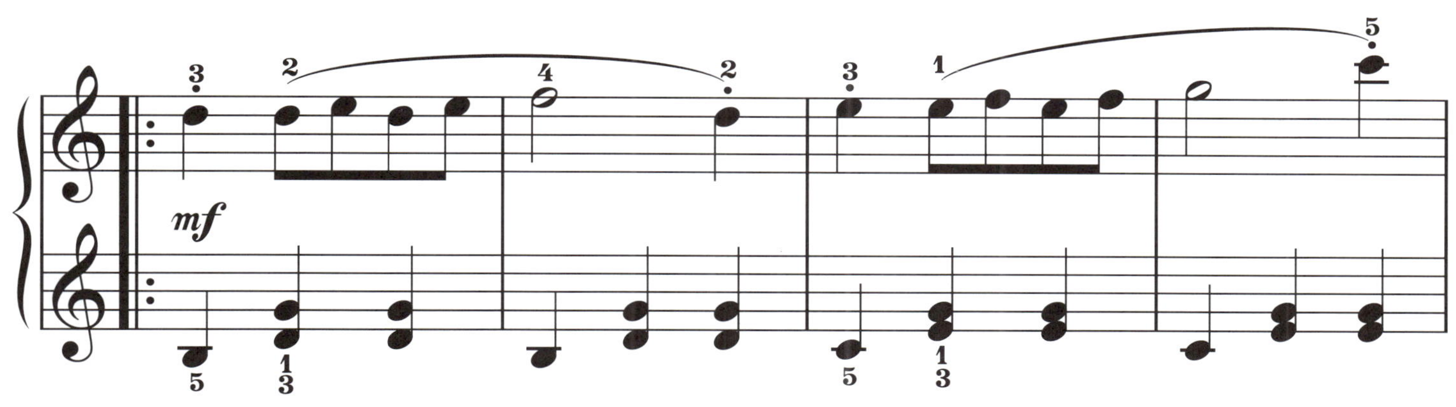

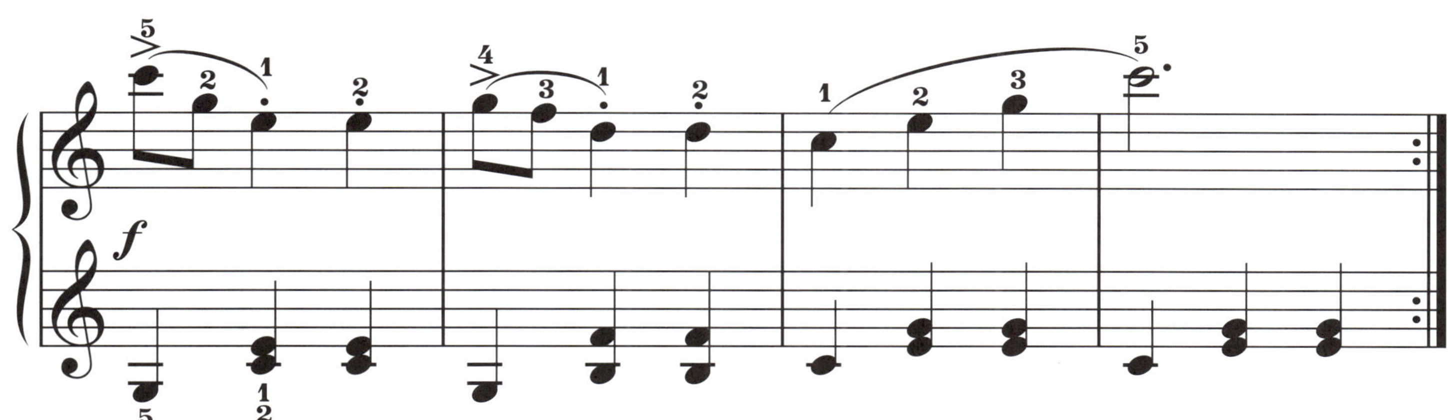

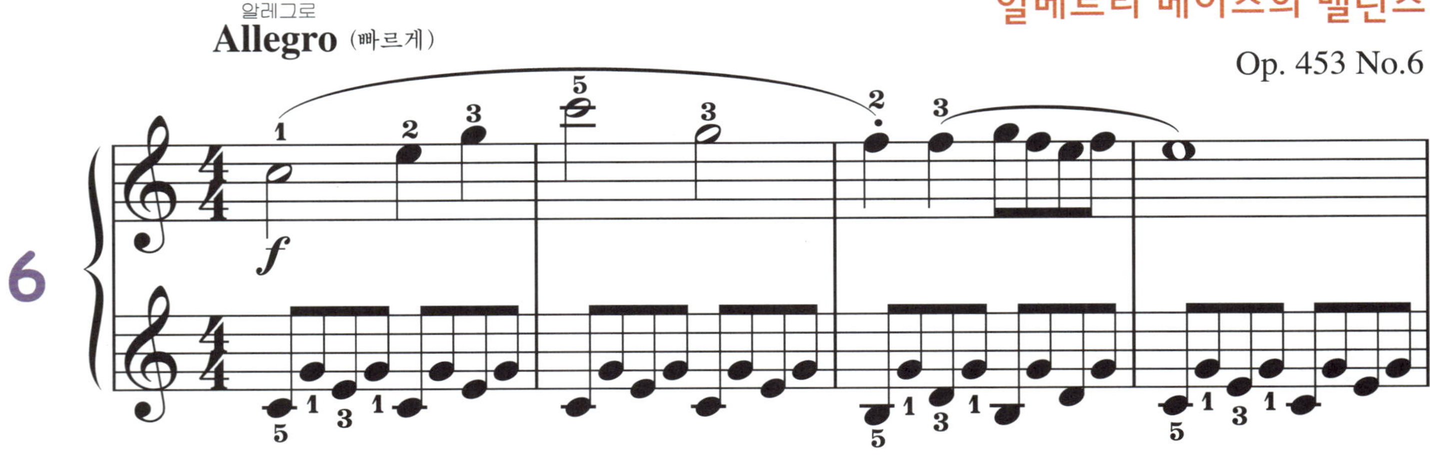

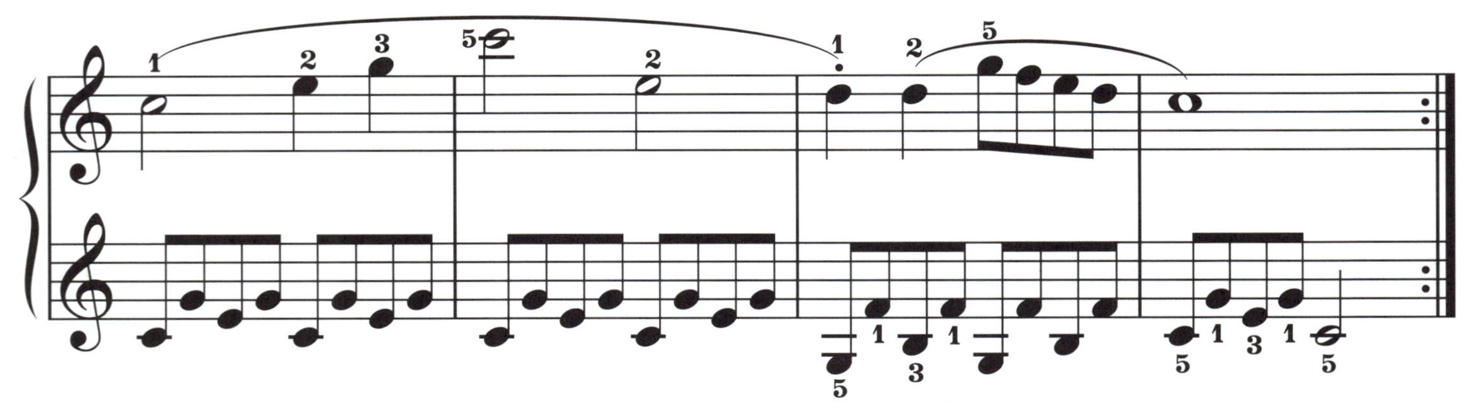

오른손의 확장된 음정은 손가락을 벌려 다음에 눌러야 하는 음의 자리를 미리 준비하면서 선율을 진행시키고, 왼손의 알베르티 베이스는 작고 일정하게 연주하여 오른손의 선율을 받쳐 줍니다.

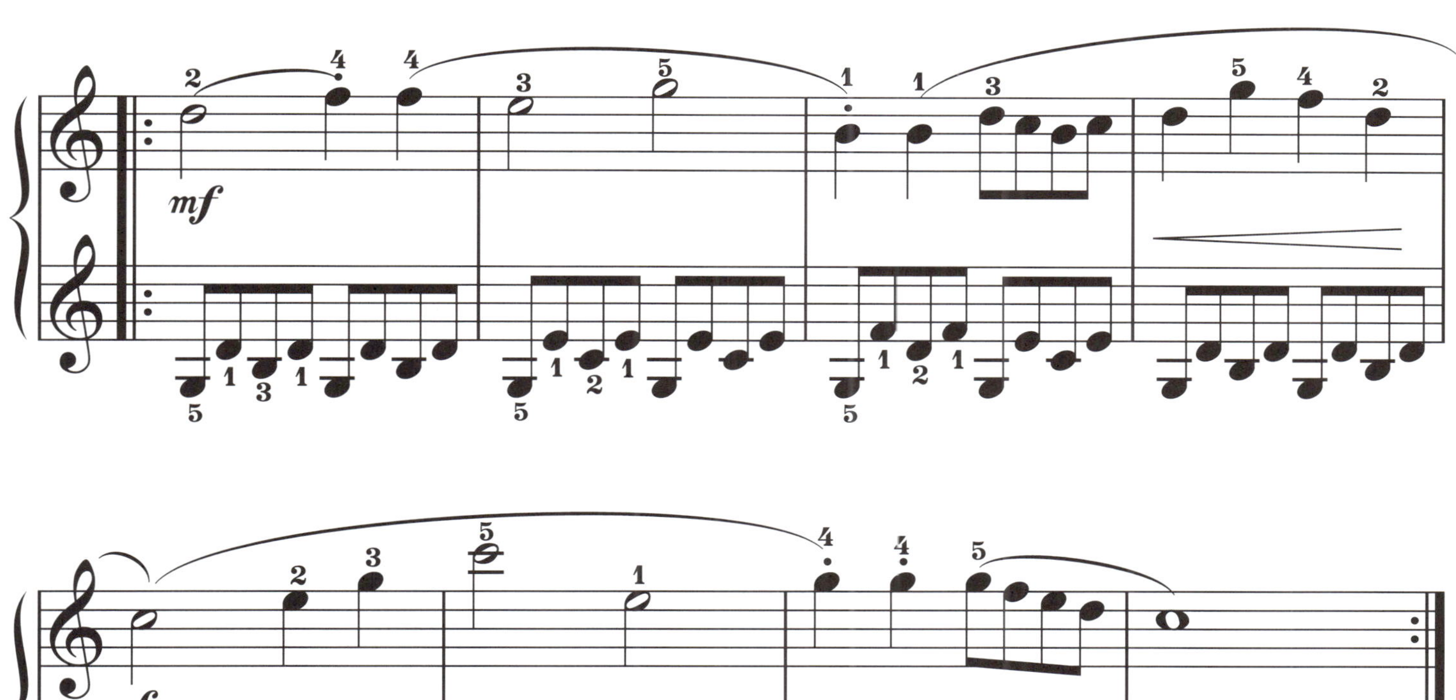

손끝을 세워 손 모양을 고정시킨 후, 팔에 힘이 들어가지 않도록 힘을 풀어가며 가볍게 칩니다.

반복 모음화음 반주

Op. 139 No.10

알레그레토   비바체
Allegretto vivace （조금 빠르고 생기있게）
분산화음 반주
Op. 823 No.35
9
fp
fp
fp

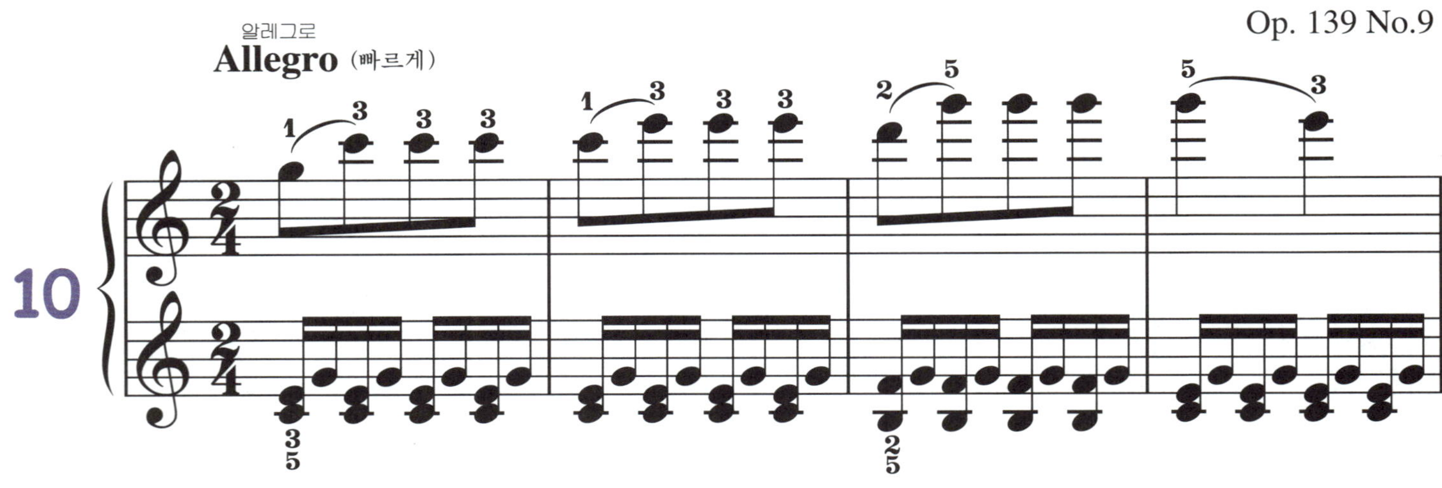

왼손은 3화음의 위치에 고정시키고 팔에 힘이 들어가지 않도록 주의하며, 연주할 때에는 화음의 변화와 오른손 선율을 들으면서 가볍고 고르게 칩니다.

점음표, 순차진행과 도약의 멜로디

Op. 139 No.8

알레그레토   콘   모토
Allegretto con moto （움직임을 가지고 조금 빠르게）

11

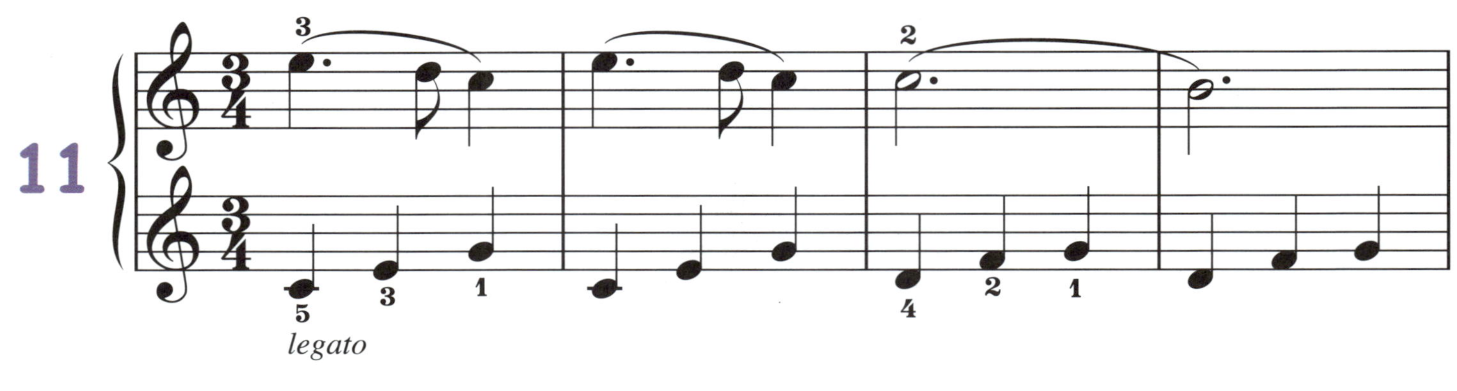

작은 리듬으로 나누어 왼손의 기본 박자에 정확히 맞추어 칩니다. 순차 진행은 손을 모아 소리가 알차게 나도록 하고, 도약에서는 빨리 손을 벌려 다음 음을 준비하여 연결합니다.

박자는 한 마디를 두 박으로 하여 리듬을 타고 짧은 앞꾸밈음은 우아한 느낌이 나도록 미끄러지듯이 제 박자에 맞게 빨리칩니다.

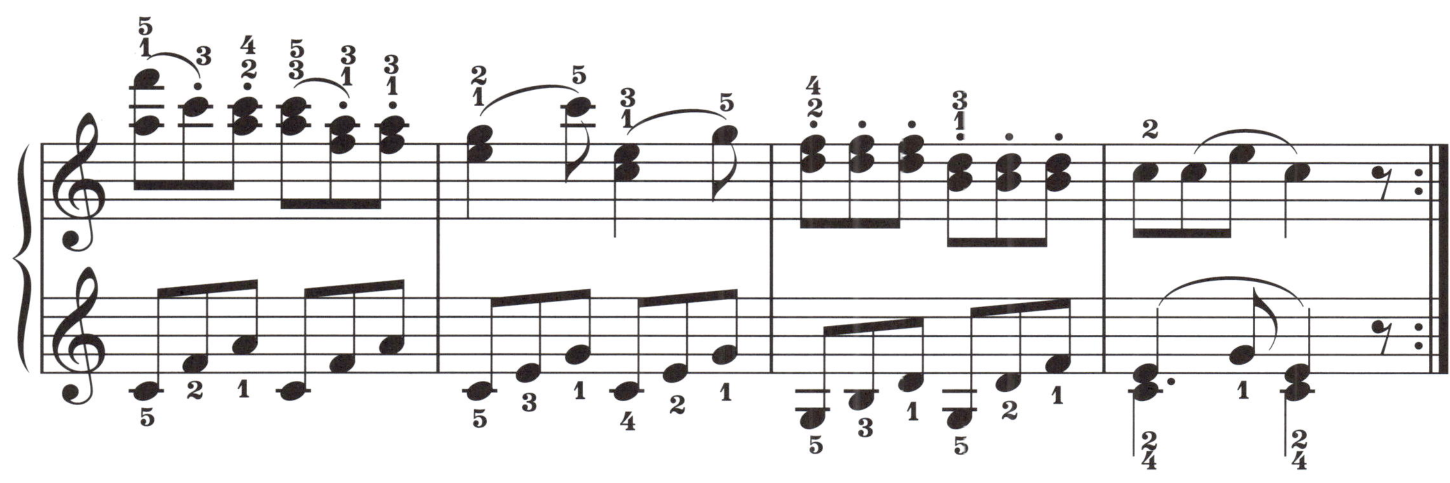

알레그로
Allegro （빠르게）

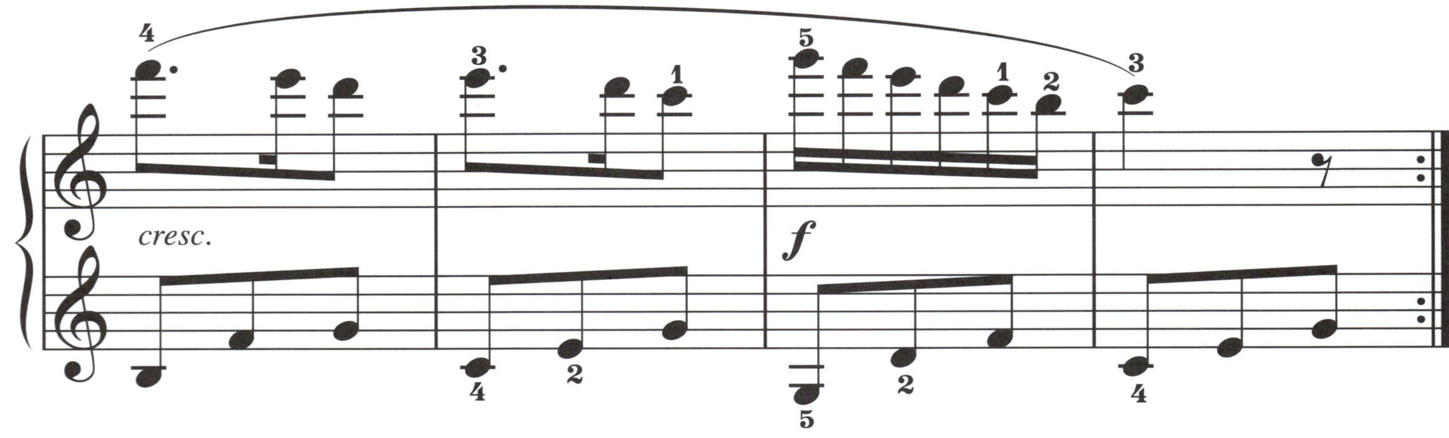

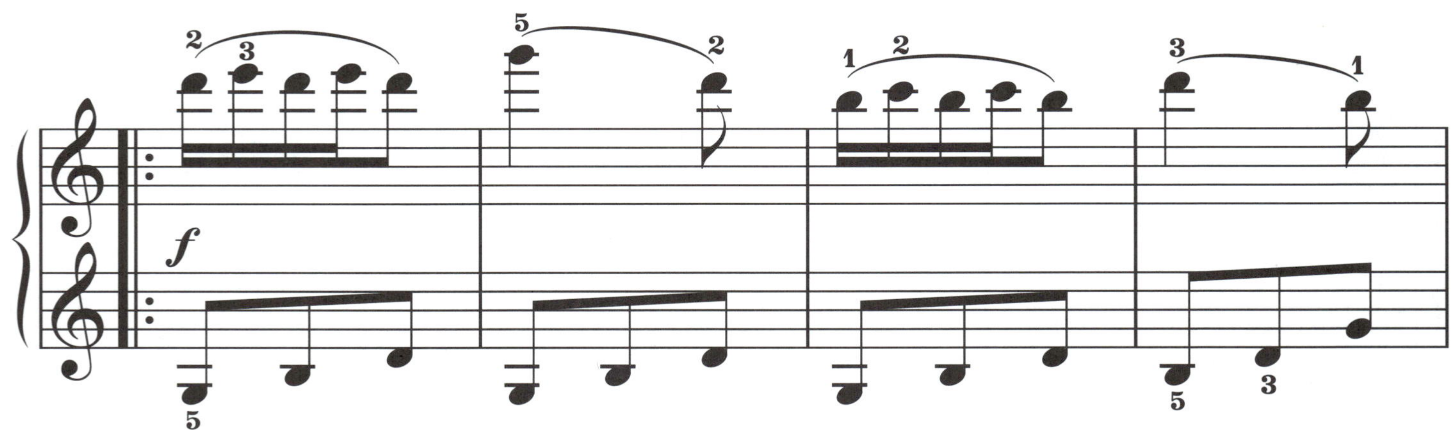

도약음정은 다음 음을 미리 준비하여 멜로디가 자연스럽게 연결되어 흐르게 하며, 왼손의 3박자 펼침화음 반주가 고른 리듬을 타도록 합니다.

**왼손 손가락 페달음과
오른손 다섯 손가락 패턴**

Op. 823 No.30

알레그로　　비바체
Allegro vivace (매우 빠르고 생기있게)

14

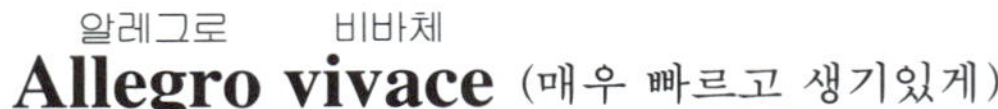

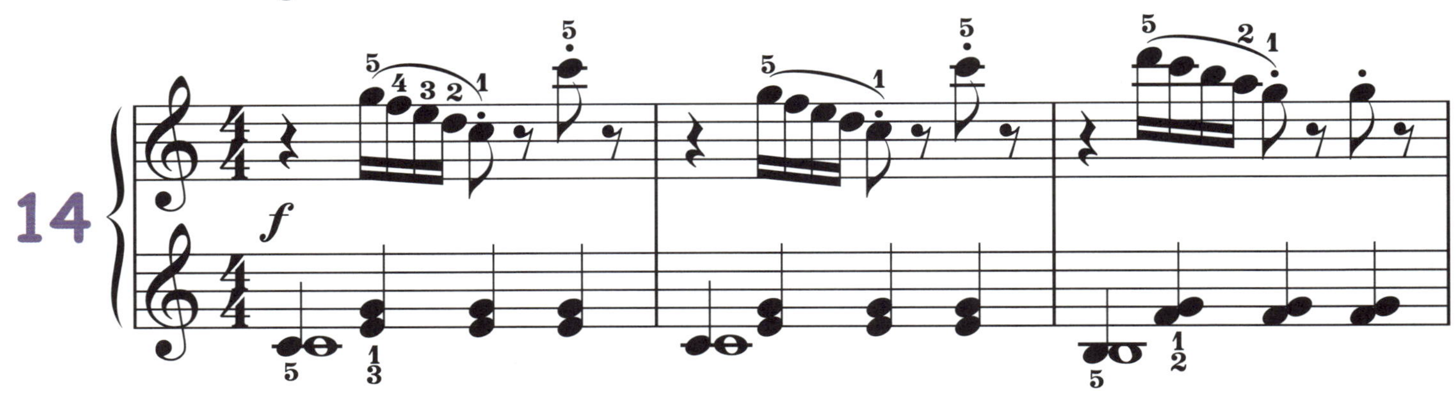

 각 마디의 왼손 5번 손가락 첫 음은 한 마디 동안 지긋이 눌러 페달 역할을 하고, 다른 음은 가볍게 연주합니다. 오른손은 미끄러지지 않고 정확한 소리가 들리도록 가볍게 쳐 줍니다.

빠른 템포의 알베르티 베이스
레크리에이션, No.20
알레그로   비바체
Allegro vivace (매우 빠르고 생기있게)
15
p
legato
cresc.
dim.

앞의 6번에서와 같이 왼손에 힘이 들어가지 않도록 가볍게 칩니다.

p
cresc.
dim.

**알베르티 베이스와
가벼운 스타카토 주법**

레크리에이션, No.29

알레그로　　데라토
Allegro moderato (적당한 빠르기로)

16

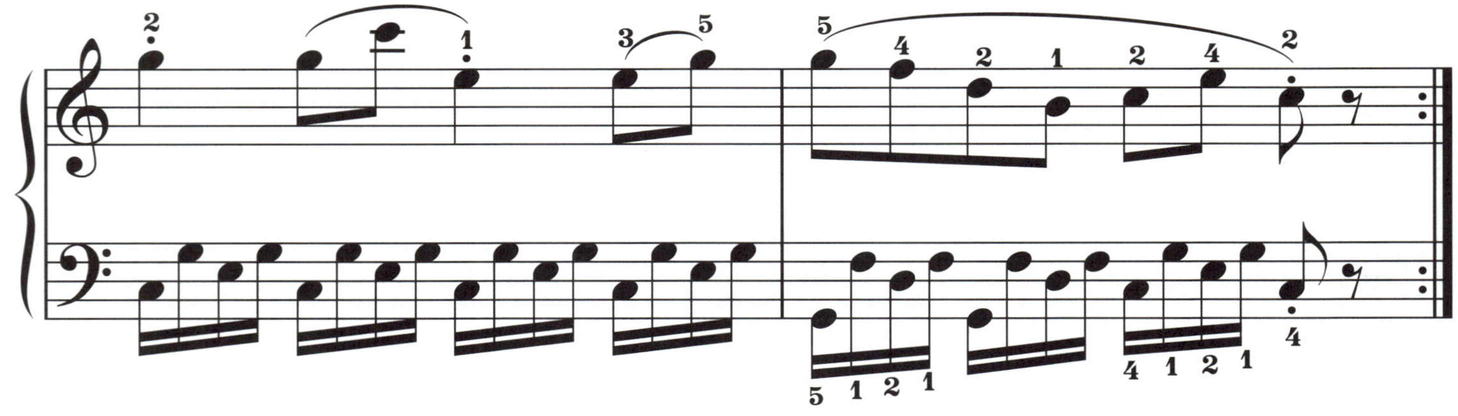

스타카토는 너무 짧게 들리지 않도록 손목을 들어 주면서 가볍게 선율을 연주하고, 왼손의 알베르티 베이스는 스타카토 선율이 들릴 수 있도록 작고 고르게 연주합니다.

p
f

알레그로
Allegro （빠르게）

16분음표는 돈꾸밈음의 예비 연습으로 리듬이 흔들리지 않고 소리가 고르게 나도록 손가락을 건반에 붙이고 가볍게 칩니다.

예비(17번)로 연습했던 돈꾸밈음이 기호로 나타나는데 이것은 예비 연습보다 더 빠르게 연주해야 합니다. 왼손의 8분음표와 오른손의 꾸밈음에 나오는 4개의 음을 같은 박으로 연주합니다.

2
4321
5
3
2
4
ten.
3
1 2
4
3
2 1
p 5 1 3 1
5 1 2 1
5 1 2 1
5 1 2 1
5 3
ten.
3
4321
3
3
4
4
3 2 1 3
3212
4
3
2
3 1
3 2
1
3
2
1
cresc.
5 1 3 1 5 1 3 1
f 4
dim.
p 5 2
2
4
1 2
4 5

① 3. 4 3 2 1 4. 또는 3 4 3 2 1 4. ② 3. 4 3 2 1 5. 또는 3 4 3 2 1 5.

4분음표를 하나(♪), 둘(♫), 셋(♫♪)으로 각각 나누어 미리 리듬 연습을 한 후 실제 연주에서 셋잇단음표를 가볍게 연수할 수 있습니다.

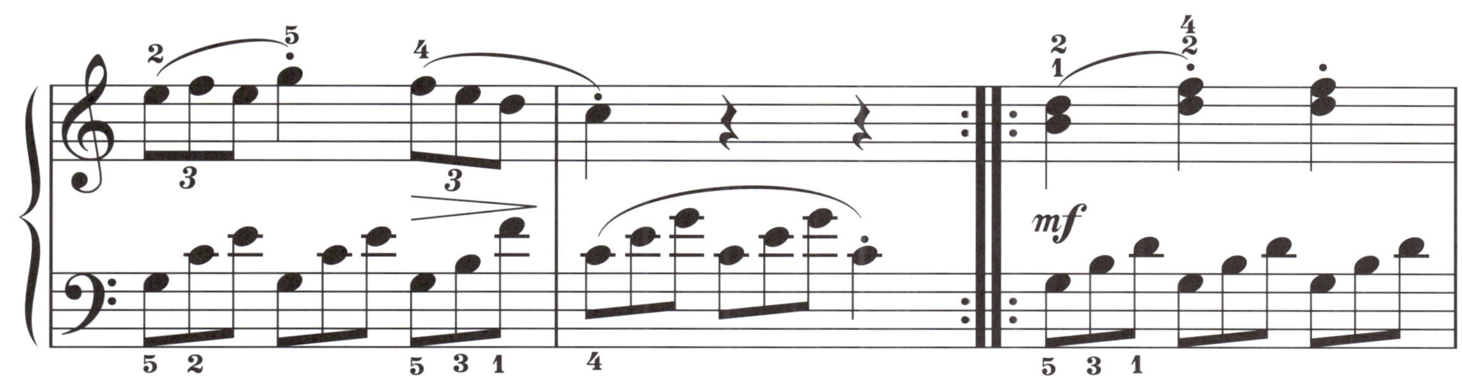

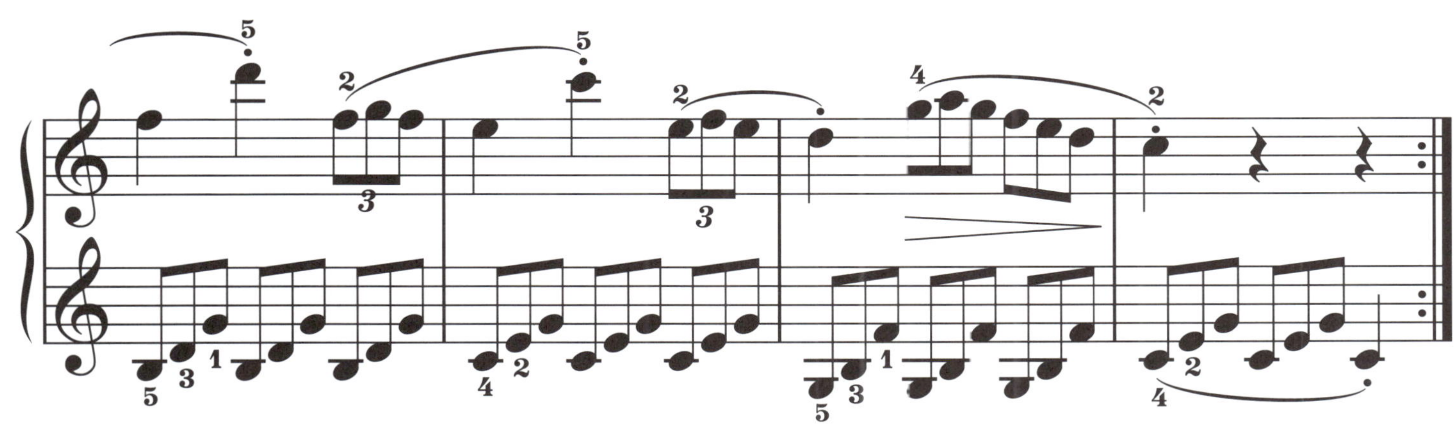

8분음표와 셋잇단음표 같이 연주하기

안단티노
Andantino (안단테보다 조금 빠르게)
Op. 139 No.22
20
p
cresc.
legato

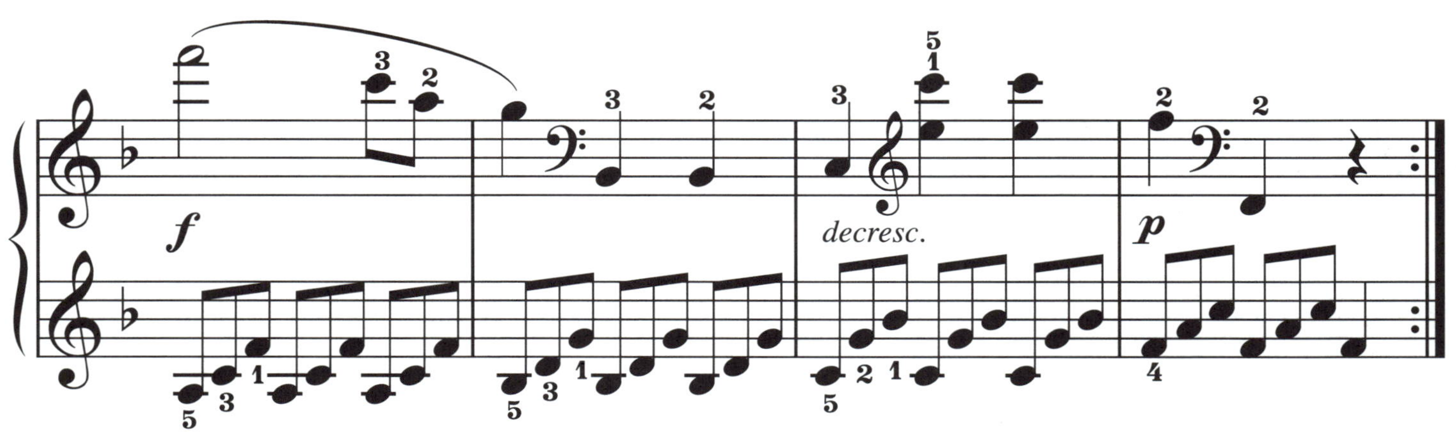
f
decresc.
p

19번의 연습을 토대로 8분음표 두 개의 첫음과 셋잇단음표의 첫음을 같이 친 후, 각 손의 리듬을 따로따로 느끼면서 치도록 합니다.
오른손은 멜로디가 노래하도록 하고 왼손 반주는 크지 않도록 합니다.

알레그로
Allegro (빠르게)

Op. 139 No.40

21

p scherzando

짧은 앞꾸밈음은 제 박자에서 미끄러지듯이 내려오고, 스타카토는 알찬 소리가 나도록 위에서 내리치지 말고 밑에서부터 뛰어 오르듯이 탄력있게
연주합니다.

f
fp
pp

손가락 넘기는 연습

Op. 139 No.37

알레그로
Allegro (빠르게)

22

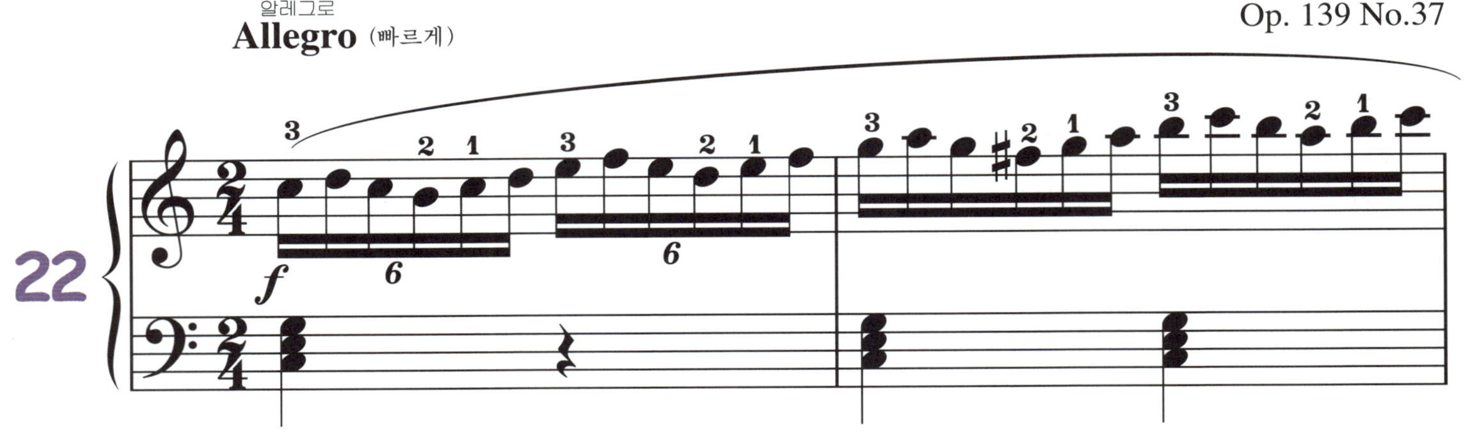

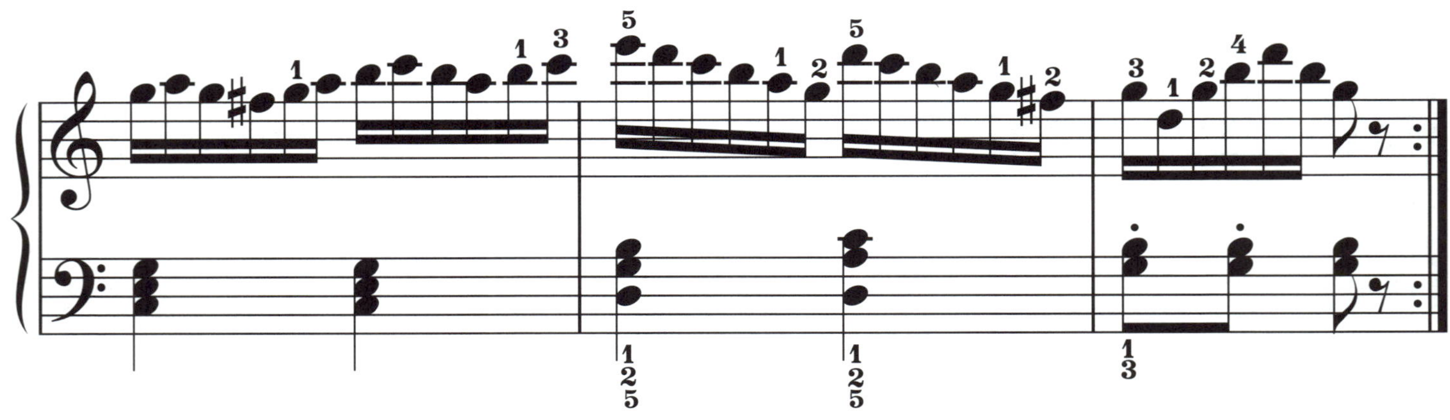

엄지손가락이 2번 손가락 밑으로 재빨리 들어가는 연습과 2번, 3번 손가락을 엄지손가락 위로 넘기는 연습곡으로, 손가락을 미리 준비하여
리듬이 걸리지 않고 고른 소리가 나도록 합니다.

p

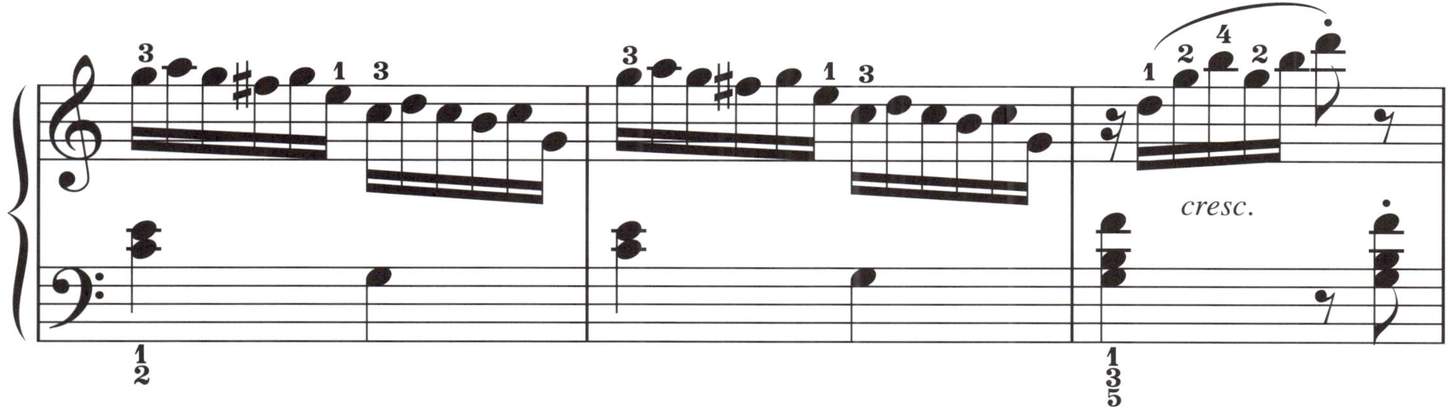
cresc.

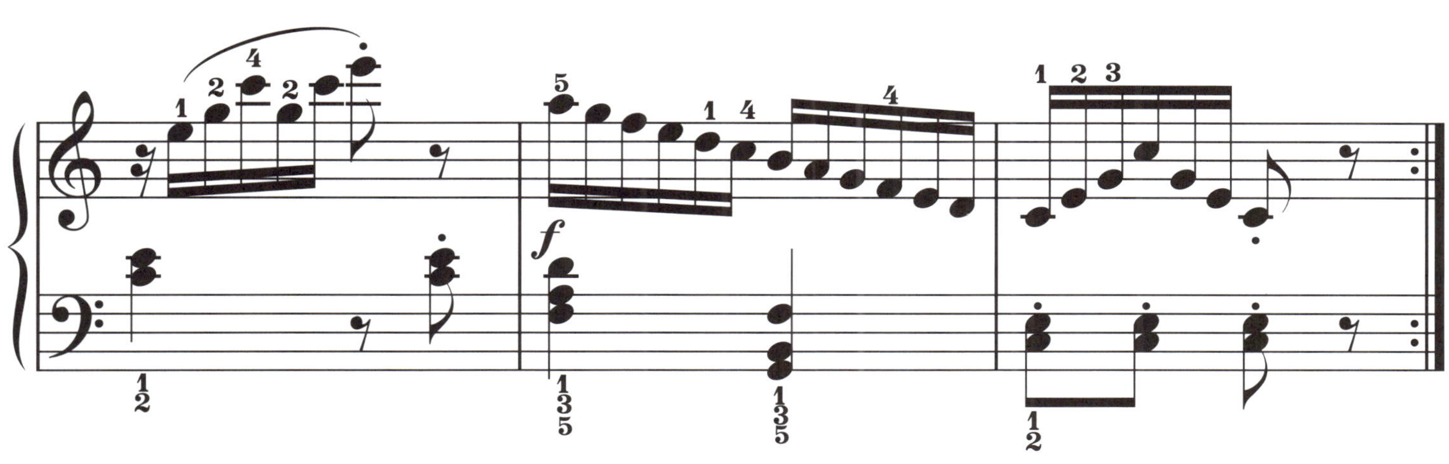
f

양손 음계 연습

Op. 139 No.19

음계를 연주할 때에는 손가락이 넘어가는 부분을 양손으로 미리 연습하고, 조성에 따라 달라지는 음계를 정확히 익힙니다.

알레그로　　　모데라토
Allegro Moderato (적당한 빠르기로)

Op. 453 No.20

**3도의 레가토, 논 레가토,
스타카토, 테누토 연습**

어린이 곡집<예쁜 새>

3도 겹음의 여러 가지 연주 방법을 각기 팔과 손목, 손가락의 힘으로 조절하여 부드럽고 정확한 소리가 날 수 있도록 충분히 연습합니다.

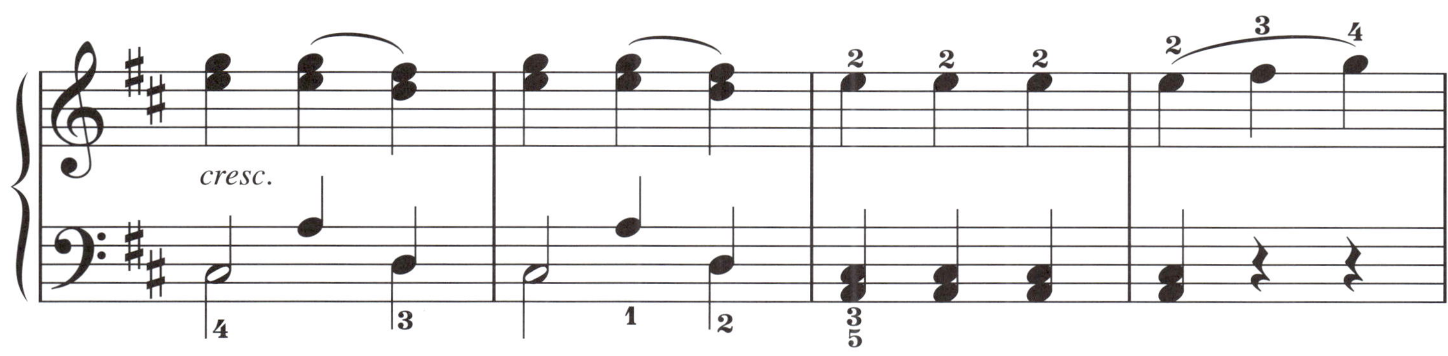

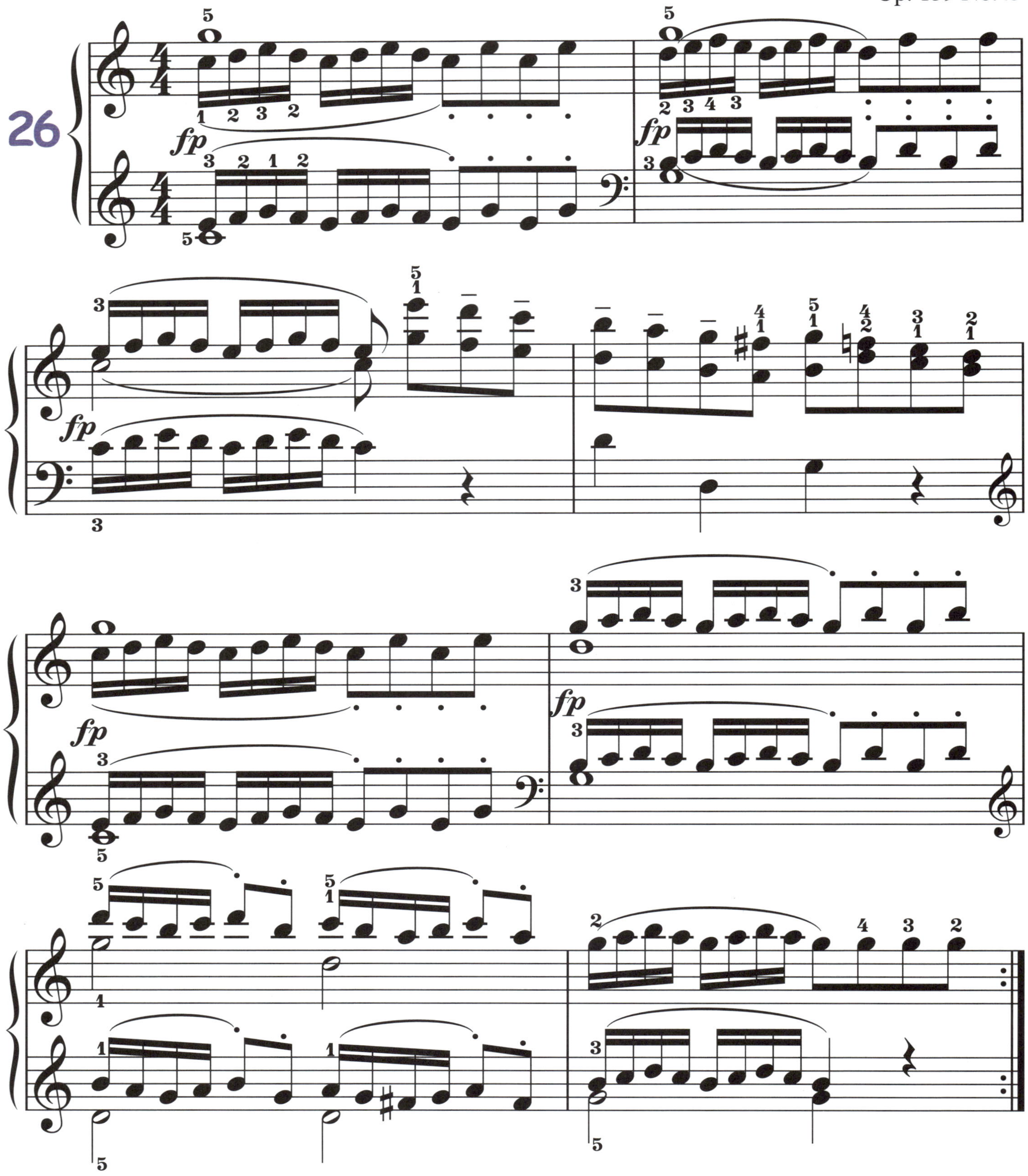

왼손 5번 손가락을 피아노 건반 위에 계속 누르고 있는 상태에서 나머지 손가락의 소리가 명확하게 들릴 수 있도록 독립적으로 연습하여 손가락을 강화시킵니다.

트릴과 음계 연습

Op. 139 No.42

알레그로　　코모도
Allegro comodo (적당히 빠르게)

27

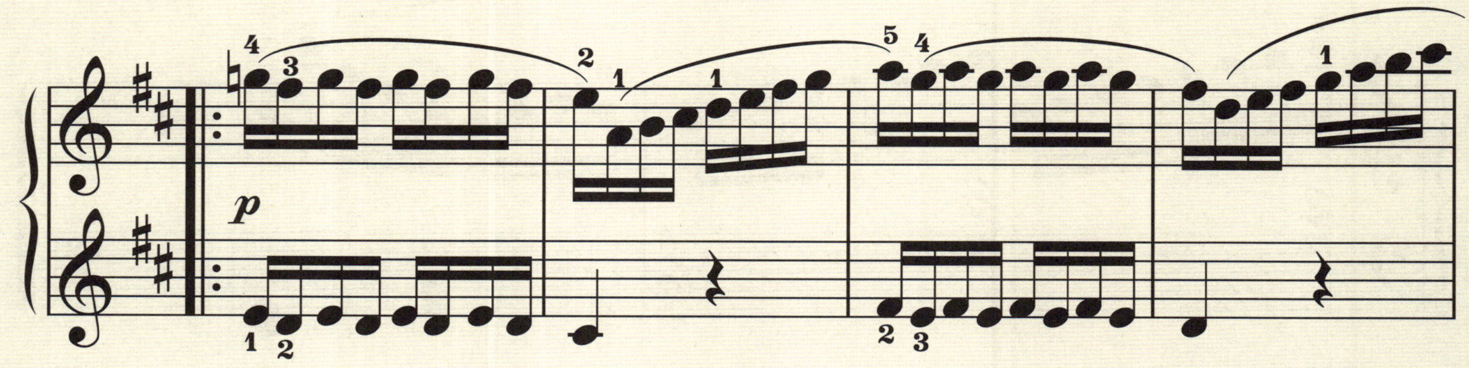

트릴은 빨리 치지 말고, 팔의 힘을 풀어 피아노 건반에 손가락을 밀착시킨 상태에서 고른 소리가 나도록 연습하며, 음계도 지속적인 유대감을 갖고 고른 소리가 나도록 합니다.

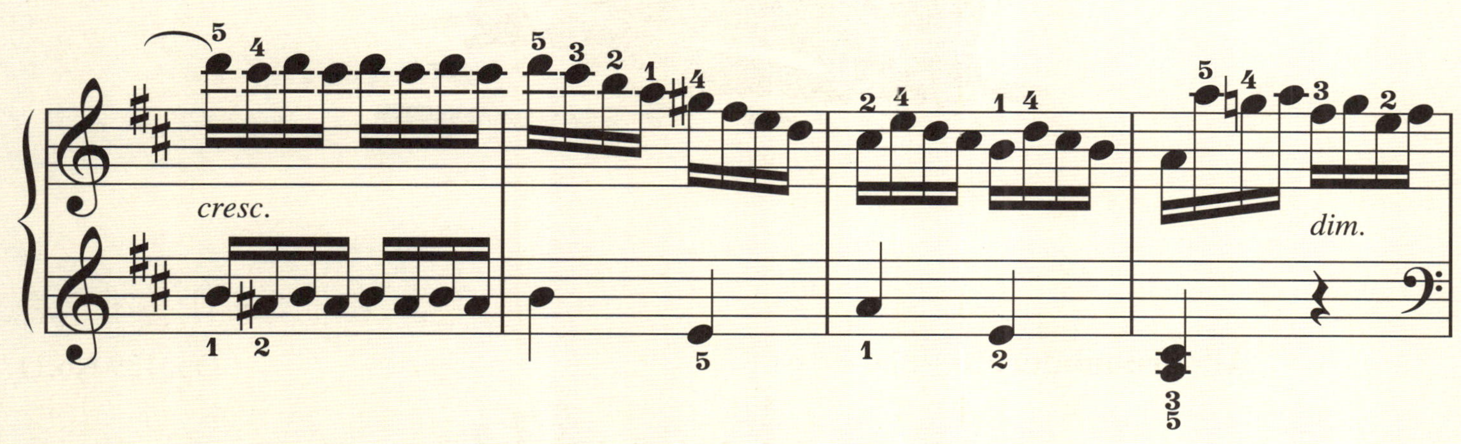
cresc.
dim.

p
cresc.

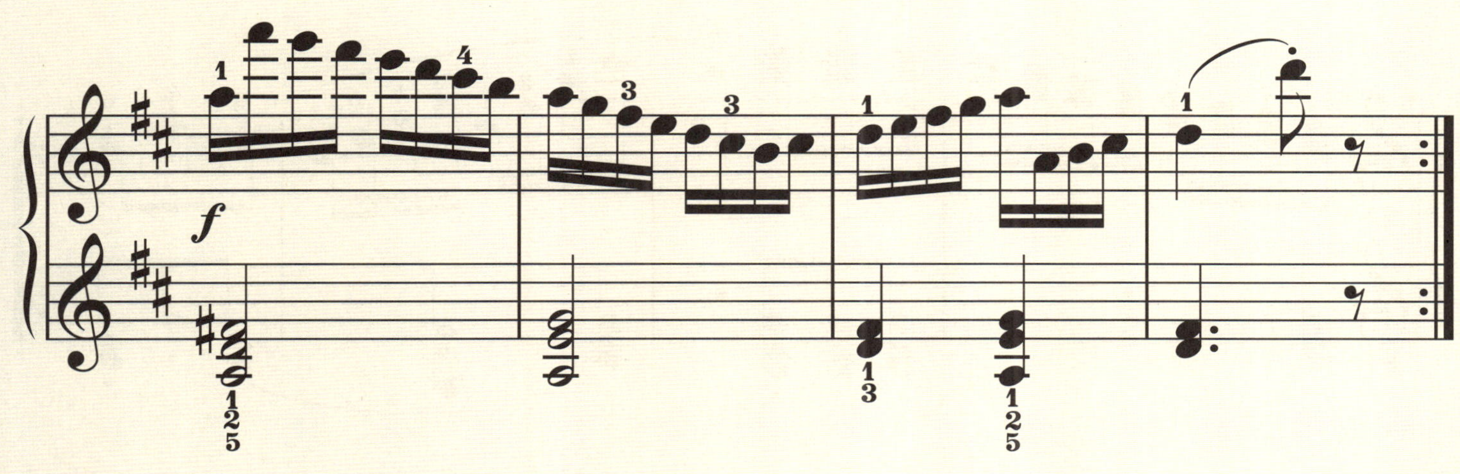
f

3도의 음계 연습

알레그로 모데라토
Allegro moderato (적당한 빠르기로)

Op. 139 No.11

28

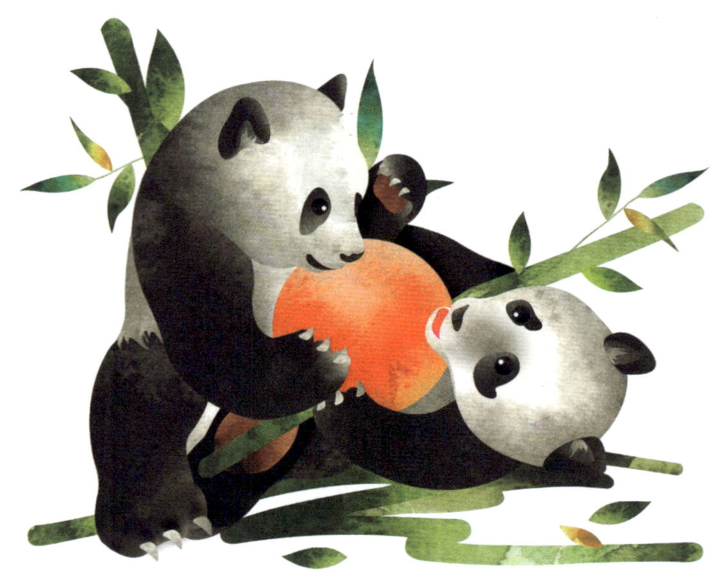

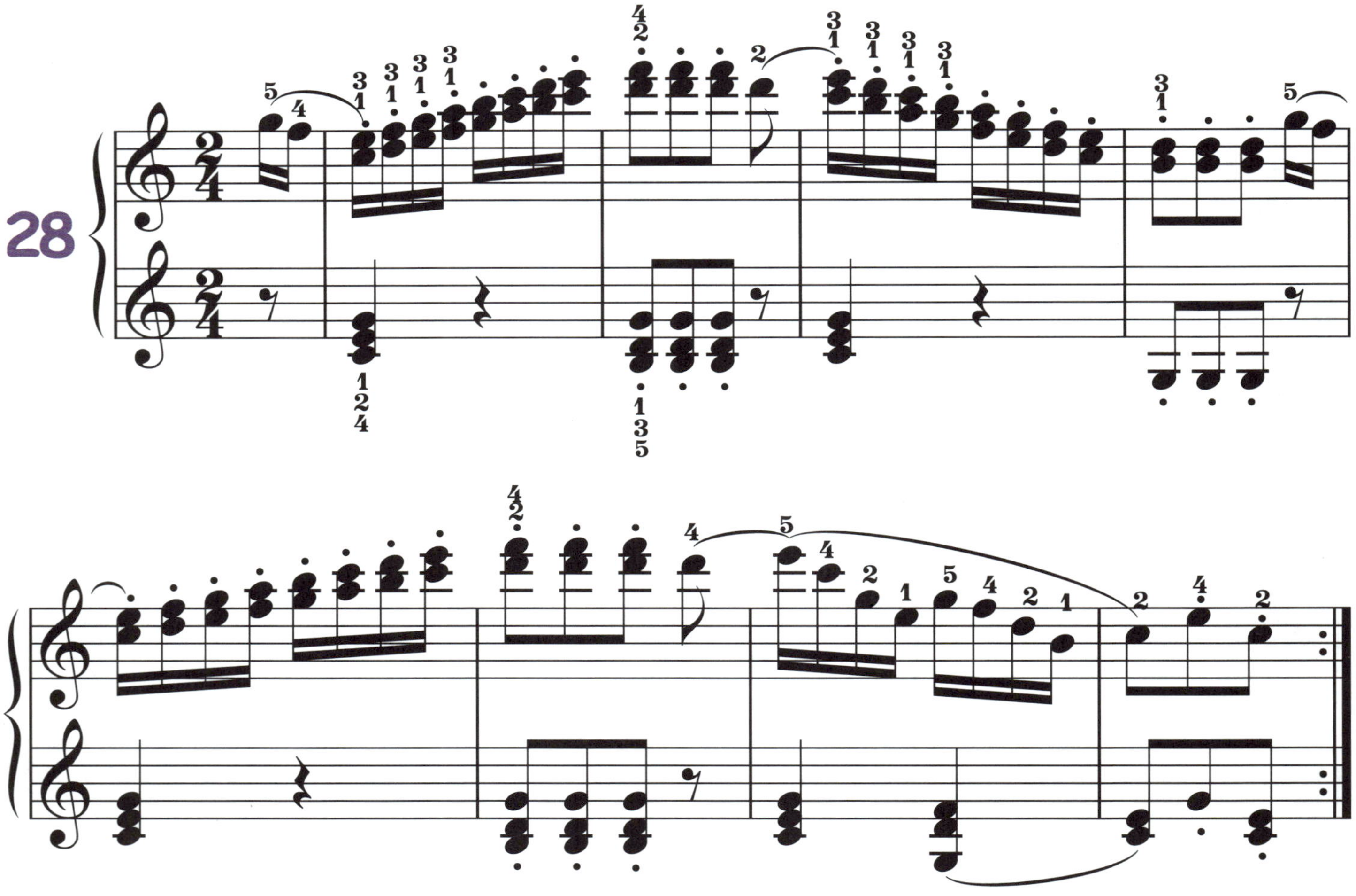

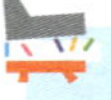

1번, 3번 손가락 끝을 곧게 세워 건반의 위치에 고정한 후, 손가락 번호를 바꾸지 않고 한 계단씩 올라갑니다. 이 때 두 개의 소리가 동시에 들리도록 해야 합니다.

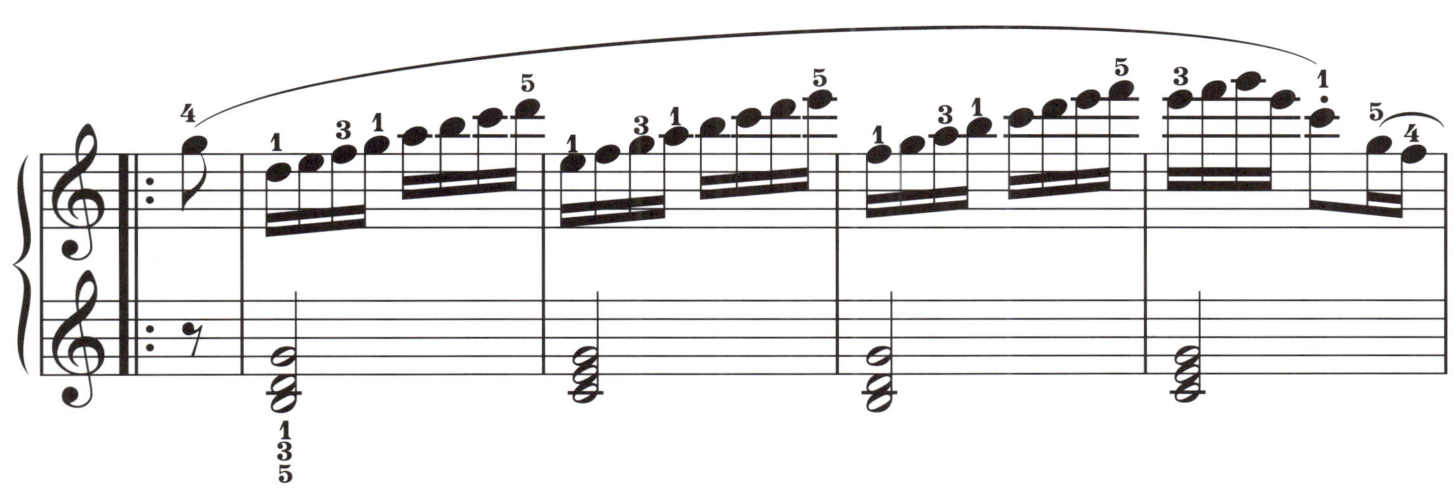

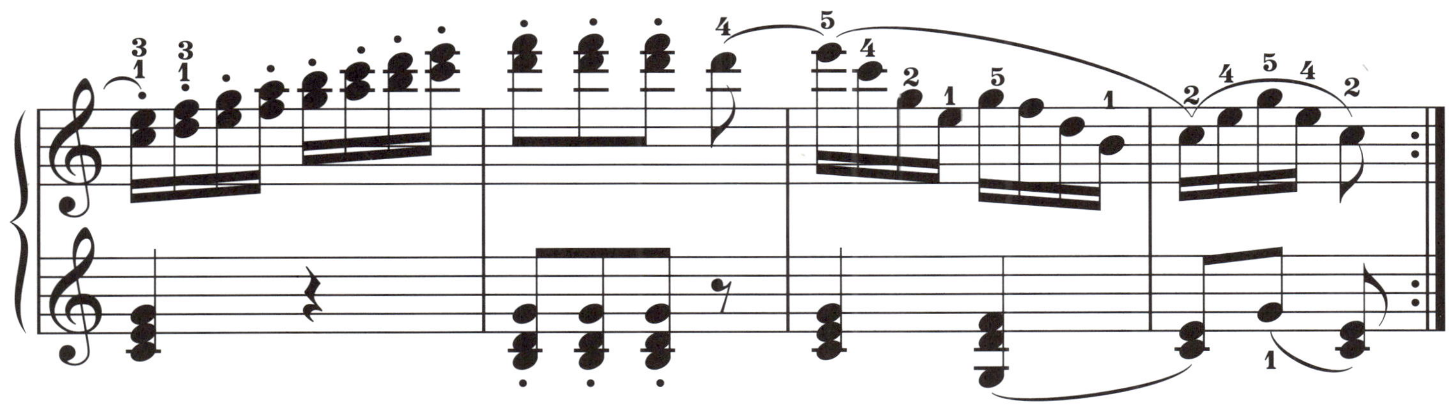

여러 가지 부점 리듬

Op. 139 No.69

모데라토
Moderato (보통 빠르기로)

29

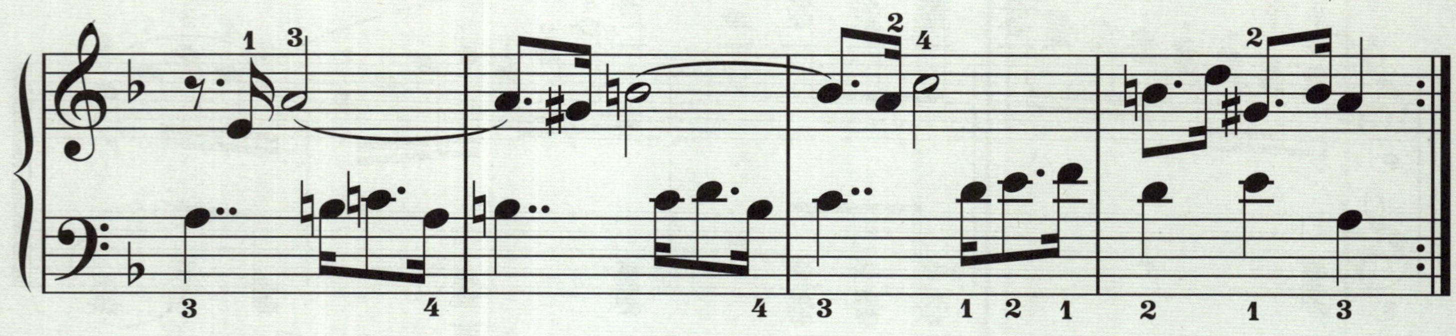

점음표에는 약간 악센트를 주고, 16분음표는 뒤에 따라오는 음표에 붙여서 연주하여 리듬을 더욱 강조합니다.

마르치아　알레그로　마에스토소
Marcia Allegro maestoso (행진곡풍으로 빠르고 장엄하게)

Op. 139 No.30

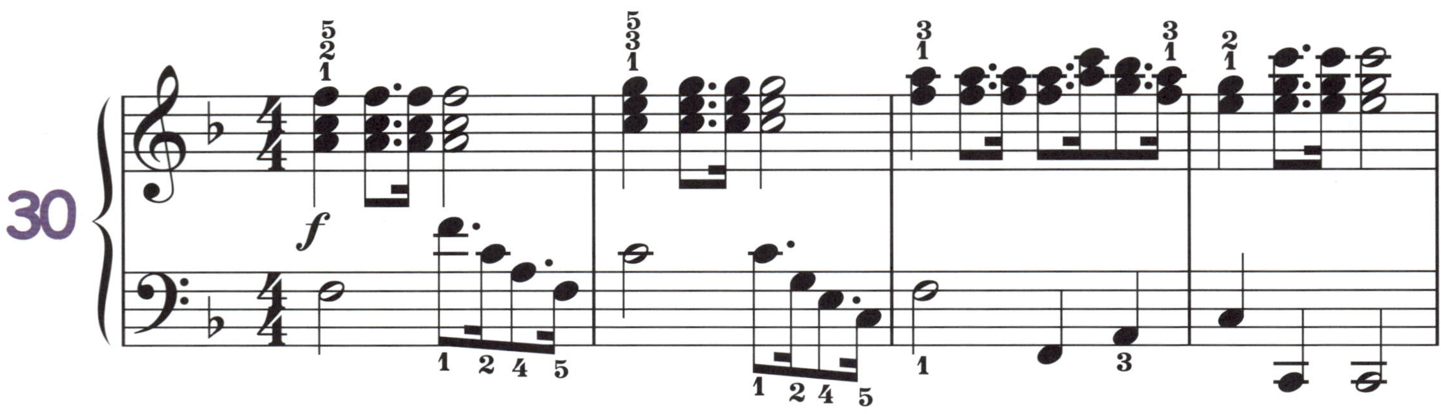

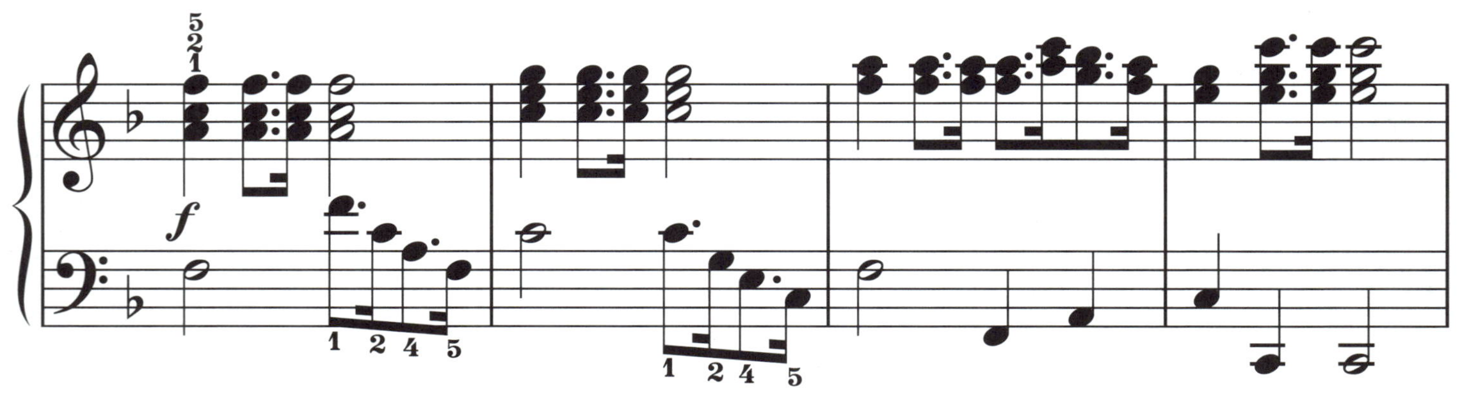

8분음표는 정확히 4분음표의 반으로 나누어 연주하고, 16분음표는 뒷 음표에 붙여서 부점 리듬이 더욱 강조되게 연주하여 두 리듬의 차이점을
명확하게 나타냅니다.

sempre f

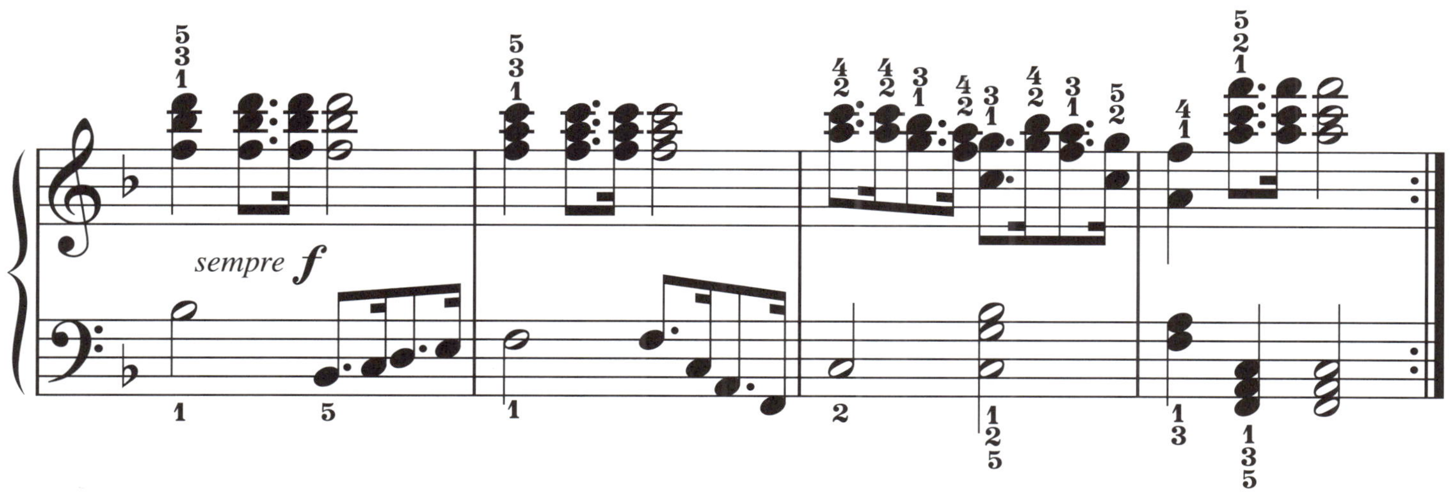

31

3도의 펼침 패턴이 위·아래로 계속 반복되는 연습으로, 천천히 손가락을 독립시켜 고른 소리가 나도록 합니다.

p
cresc.
f

다양한 손가락 터치 조절

알레그로
Allegro (빠르게)

Op. 139 No.25

32

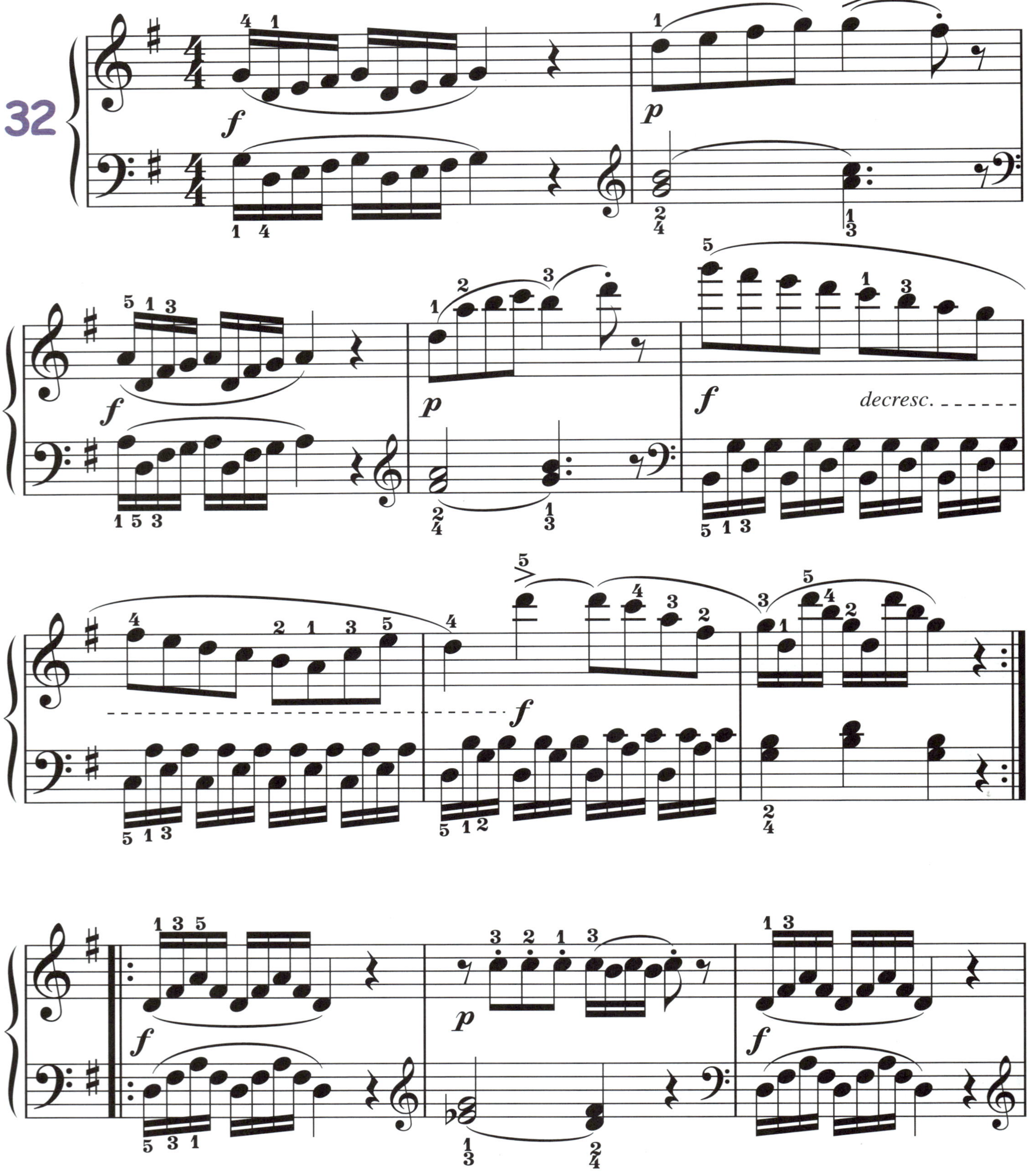

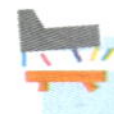

여러 가지 유형이 섞여 있으므로 그 때마다 힘을 조절하여 손가락 터치를 달리 하여야 합니다. ***f***의 16분음표는 손가락을 독립시켜 빠르고 정확히 들리도록 연주하고, ***p***의 8분음표는 팔목을 좌우로 움직여서 부드럽게 연결하여 연주합니다.

Op. 139 No.100

프레스토
Presto (매우 빠르게)

33

빠른 음의 반복 패턴은 소리가 고르게 나도록 손가락을 독립시키고, 팔목을 좌우로 움직여 편안한 소리가 나도록 합니다.

싱코페이션과 도약

알레그로 모데라토
Allegro moderato (적당히 빠르게)

Op. 139 No.35

34

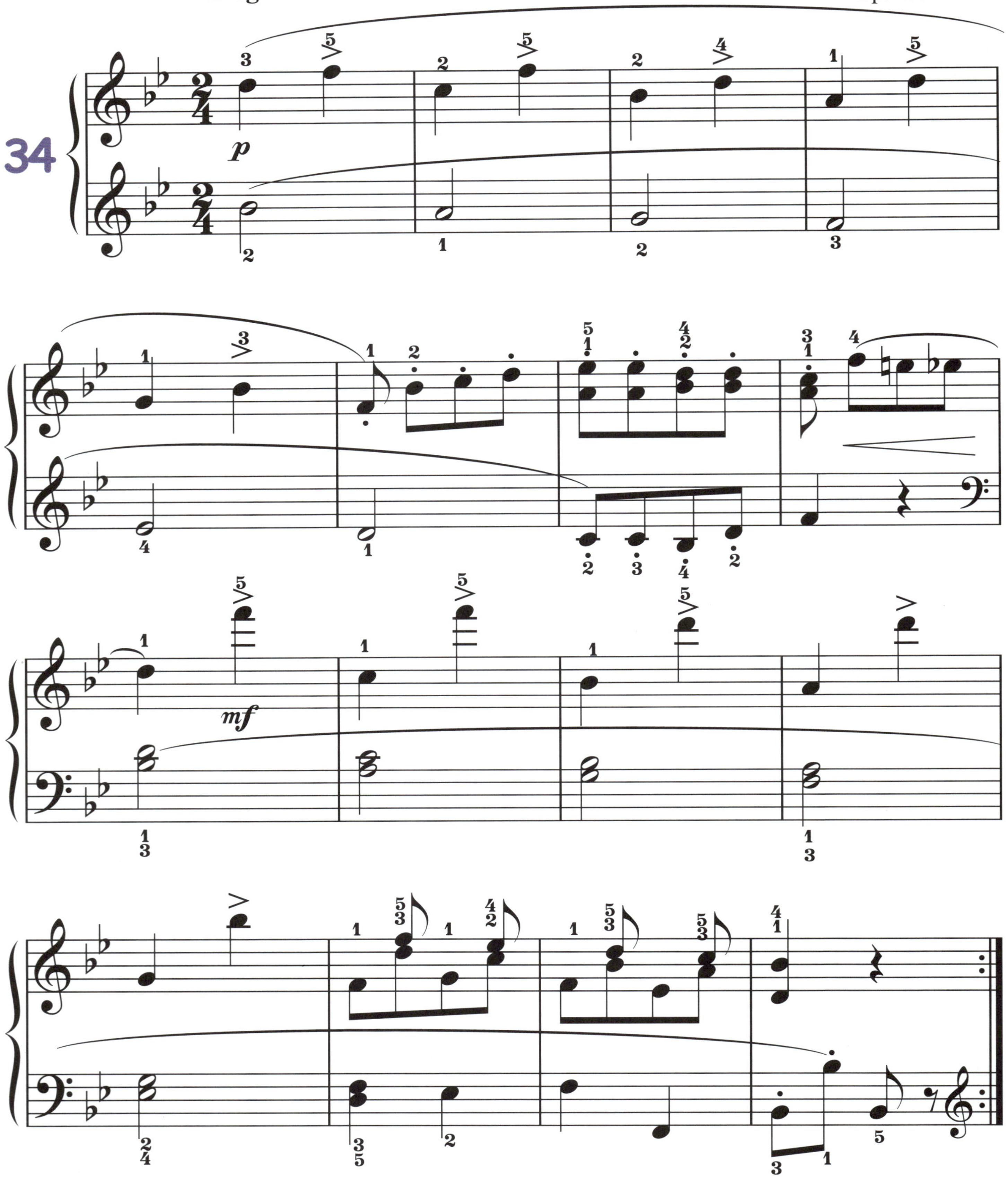

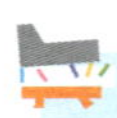

약박에 악센트를 주어 손가락의 독립이 요구되는 곡으로, 박자에 민감하게 대처할 수 있도록 천천히 한 음 한음 연습하도록 합니다. 또한 도약음은 미리 준비하여 리듬이 흔들리지 않도록 합니다.

p
poco   cresc.
mf

겹음 레가토

알레그로 비바체
Allegro vivace (빠르고 힘차게)

Op. 139 No.28

35

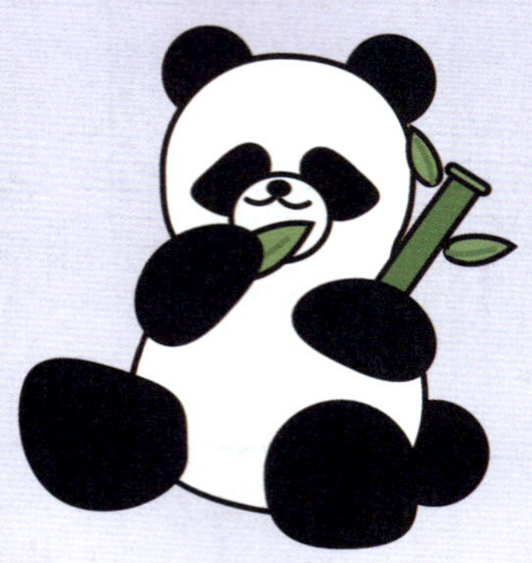

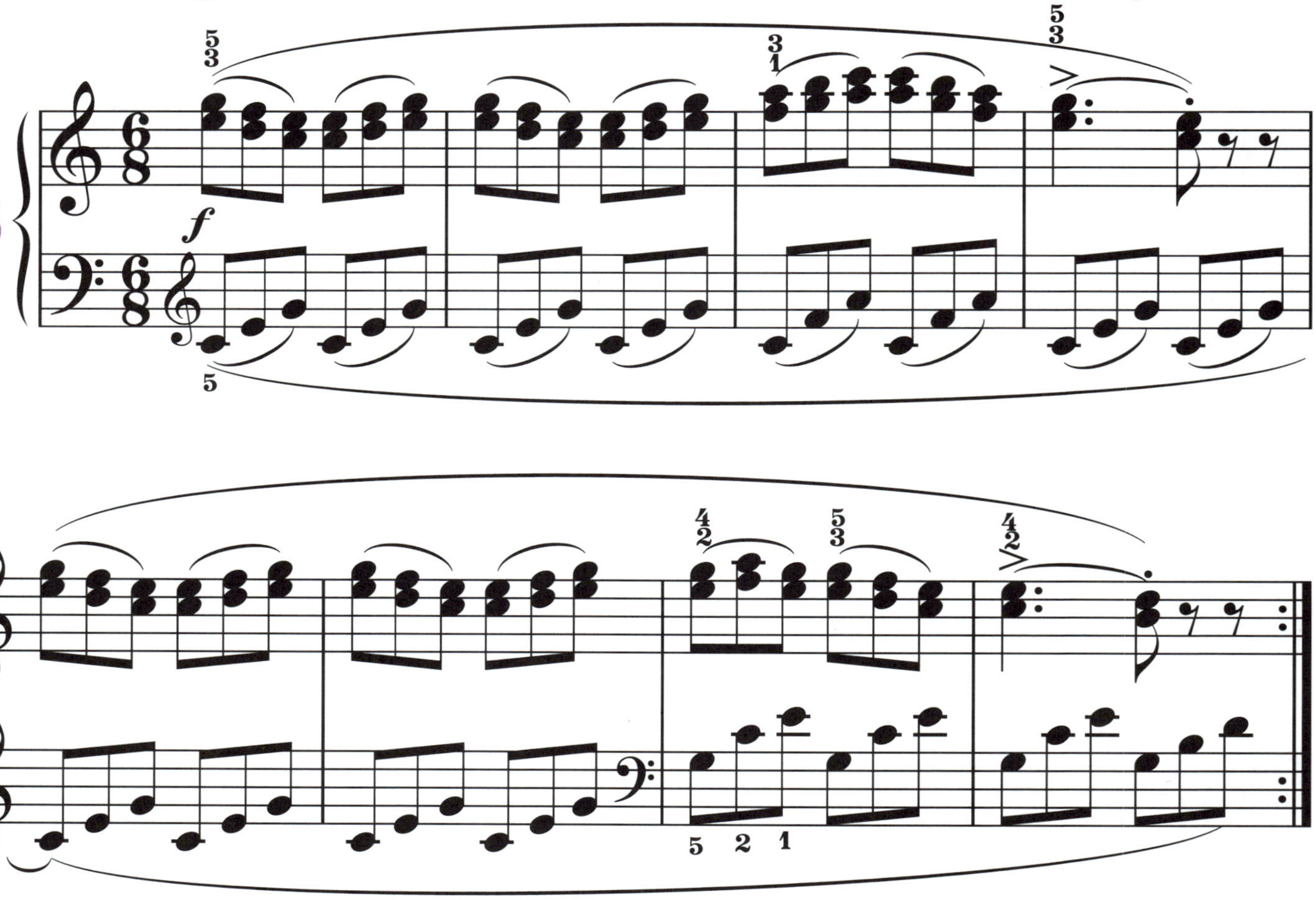

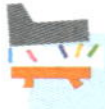

특히 3도 겹음의 윗성부는 고르게 연주되도록 연습하고, 각 마디의 첫음은 지긋이 눌러 팔에 힘이 들어가지 않으면서 레가토를 나타내도록 합니다.

p
sempre legato
cresc.
1.
2.
f

겹음 트릴

Op. 139 No.38

알레그로
Allegro （빠르게）

36

팔에 힘이 들어가지 않도록 주의하고, 소리가 지속적으로 가볍게 이어지도록 합니다.

알레그로
Allegro (빠르게)

Op. 139 No.97

37

리듬이 흔들리지 않도록 짧게 끊어치고, 프레이즈의 흐름을 나타내며 연주합니다.

아르페지오와 음계

Op. 139 No.46

손가락의 펼침과 모음을 원활하게 할 수 있도록 하는 연습으로, 아르페지오는 미리 손의 확장을 준비하여 치고, 음계는 재빨리 손을 모아 프레이즈를 느끼면서 소리가 고르게 나도록 합니다.

발행일 2025년 5월 14일

감수 김강희
마케팅 현석호 **· 관리** 남영애

발행처 태림스코어
발행인 정상우
출판등록 2012년 6월 7일 제 313-2012-196호
주소 서울시 은평구 증산로 9길 32(03496)
전화 02)333-3705 **· 팩스** 02)333-3745

ISBN 979-11-5780-404-7-13670

이전 『초보 피아니스트를 위한 간추린 체르니100』을 개정한 책입니다.